LES ORIGINES

DE LA

MAISON DE FRANCE

PAR

ANATOLE DE BARTHÉLEMY

Extrait de la *Revue des questions historiques*
(1er janvier 1873.)

PARIS

LIBRAIRIE DE VICTOR PALMÉ, ÉDITEUR

25, RUE DE GRENELLE-SAINT-GERMAIN, 25

1873

LES ORIGINES

DE LA

MAISON DE FRANCE

S'il est vrai que l'histoire des familles souveraines est l'une des bases principales des annales des peuples à la gloire et à la grandeur desquels elles ont contribué, l'histoire de la troisième race des rois de France est le premier chapitre de notre histoire nationale depuis l'an 887, date de l'avénement du roi Eude, jusques à nos jours. L'étude des origines de cette famille qui, pendant près de mille ans, a régné sur l'Europe occidentale, mérite d'attirer l'attention des érudits : il n'est pas, au monde, de dynastie qui ait fourni autant de rois et autant de personnages illustres pendant un si long intervalle.

Cette famille est la *Maison de France* : je ne crois pas qu'un autre nom puisse lui être donné. La dénomination de *Capétiens* me semble peu exacte. D'abord, elle a le malheur de se rapprocher du vocable de Capet, inventé comme nom patronymique par Marat en juillet 1790, et répété à la même époque par Camille Desmoulins qui, en parlant du roi Louis XVI, se permettait de dire : « Un citoyen, M. Capet l'aîné. » Ensuite elle ne signifie rien, puisque le surnom donné à Hugue Capet lui était personnel, et que jamais on n'a pensé à dire Robert *Capet*, Henri *Capet*, pas plus que Pépin *Martel*, ou Eude *le Fort*, d'après les surnoms de leurs pères respectifs.

On a déjà beaucoup disserté sur les origines de la Maison

de France : tantôt on voulait la rattacher aux Mérovingiens, tantôt aux Carolingiens ; tantôt aux rois Lombards, tantôt à la Maison de Saxe, et, par conséquent, aux empereurs d'Allemagne. Ces efforts d'érudition inutiles, fondés sur des conjectures mal établies et peu justifiées, ou même sur des documents apocryphes, étaient surtout encouragés soit par la flatterie, soit par certaines arrière-pensées politiques. Ailleurs, j'ai rappelé les tours de force tentés par des généalogistes pour modifier l'origine de la Maison de Savoie, suivant que les événements contemporains rendaient plus profitable d'être Français, Allemand ou Italien. Il en fut un peu de même quand on chercha à fixer l'origne et la nationalité de Robert-le-Fort et, par conséquent, celle des rois de France de la troisième race. Ainsi lorsque certain parti rêvait de faire exclure Henri IV du trône de France, François de Rosières, archidiacre de Verdun, forgea, sous le titre de *Stemmata Lotaringica*, une généalogie qui avait pour but d'établir que les princes de Lorraine étaient les véritables héritiers de la couronne. En 1643, J.-J. Chiflet, médecin de Philippe, roi d'Espagne, voulut arriver au même but en faveur de la Maison d'Autriche ; à cet effet, il usa de toute son érudition pour faire de Childebrand un prince lombard et de Robert-le-Fort un bavarois.

Le prince de Condé répondait très-finement au duc d'Epernon et au P. Jourdan, qui voulaient le prendre comme arbitre de leurs discussions à ce sujet : « Messieurs, nous vous
« sommes fort obligés de l'intérêt que vous prenez à pousser
« l'origine de notre maison jusqu'à onze siècles ; nous nous
« contentons de huit bien avérés et sur des titres incontes-
« tables : à vous permis de faire valoir vos conjectures sur le
« reste. »

Aujourd'hui que la question de l'origine de la troisième race des rois de France ne peut être influencée par aucune considération politique ou diplomatique, par aucune flatterie de courtisan, il appartient à la critique historique de venir dire son dernier mot.

Nous résumerons donc dans ce travail les diverses opinions *sérieuses* qui ont été proposées ; nous discuterons les textes qui peuvent éclairer la question, et nous proposerons enfin la solution qui nous semble réunir les caractères de probabilité les plus solides.

Subsidiairement nous ferons connaître notre opinion sur le *Duché de France* et le *Comté de Paris*. Ces deux dignités, sur lesquelles on a, à notre avis, des idées peu exactes, sont tellement liées à l'histoire de Robert-le-Fort et de ses descendants immédiats, que nos lecteurs trouveront tout naturel que nous nous en occupions un moment.

I

Les Bénédictins, dans le *Recueil des historiens de la Gaule et de la France*[1], considèrent Conrad d'Ursperg, ou de Lichtenow (mort en 1240), comme le premier auteur qui ait parlé de l'origine saxonne de Robert-le-Fort, et qui lui ait donné pour père un réfugié allemand, nommé Witikind[2]. Mais, depuis l'époque à laquelle travaillaient les Bénédictins, on a retrouvé l'ouvrage de Richer, moine de Saint-Remi, de Reims, vivant dans la seconde moitié du x⁰ siècle, auquel Conrad d'Ursperg avait emprunté presque mot à mot le passage que je viens de citer[3]; au commencement du xii⁰ siècle, Eccard l'avait aussi répété dans sa *Chronique*. Enfin Aimoin, abbé de Fleury-sur-Loire (mort en 1008), se contente, sans parler du germain Witikind, de faire allusion à une origine *saxonne*[4], et son allégation est copiée ensuite par quelques chroniqueurs[5]. Yves de Chartres († en 1116) l'avait aussi adoptée[6], d'après le *Gesta Francorum*. Ajoutons enfin qu'aujourd'hui cette hypothèse est celle qui est la plus

---

[1] Tome X, préface, p. 11 et *seq*.
[2] *Chronicon universale : Ad ann.* 886. « Otto habuit patrem ex equestri ordine Ruotbertum, avum vero paternum Witikinum ex Germaniâ profugum. »
[3] Liv. I, 5. « Anno itaque Incarnationis dominicæ 888. xvi Kal. martii, quinta feria, communi decreto, Odonem virum militarem et strenuum in basilica Sancti... regem creant. Hic patrem habuit ex equestri ordine Rotbertum ; avum vero paternum Witichinum advenam germanum. »
[4] *Mirac. S. Benedict.*, l. II. « Obstitit primo eorum sævis conatibus Robertus Andegavensis comes, Saxonici generis vir, cui per id locorum à rege summa rerum delegata fuerat, adnitentibus sibi præminentissimis Neustriæ viris, Rainulfo atque Lamberto. »
[5] Othon, évêque de Frisingen (milieu du xii⁰).—Conrad d'Ursperg († 1240),—Aubri de Trois-fontaines († au milieu du xiii⁰ siècle).— *Chronic. Strozzian.* (fin xii⁰ ou commencement du xiii⁰). ap. D. Bouquet, t. X, p. 273.
[6] *Epist. 189.* « Supererant duo filii Roberti comitis Andegavensis qui fuit generis Saxonici vir. »

généralement accueillie, et qu'on la retrouve, comme fait acquis à l'histoire, dans la plupart des ouvrages modernes [1].

M. de Foncemagne repoussait la tradition de l'origine saxonne de Robert-le-Fort dans un long mémoire [2]; on doit regretter qu'il n'ait pas eu le temps d'élaborer un second travail, annoncé par lui, dans lequel il avait le projet d'exposer son opinion sur la question que je traite aujourd'hui. Il s'appuyait principalement sur le témoignage d'Abbon, dont nous aurons à nous occuper.

J'avoue que je partage entièrement les doutes du savant académicien ; je crois même pouvoir les appuyer d'arguments qu'il ne pouvait invoquer, puisque le texte de Richer, le plus ancien que l'on puisse trouver à l'appui de cette conjecture, lui était inconnu.

Quelle est la valeur du texte de Richer, auteur dont l'ouvrage fourmille d'assertions hasardées? — Richer, moine de Saint-Remi, de Reims, était le fils de Raoul, l'un des fidèles de Louis V d'Outremer; il est facile, en feuilletant son œuvre, de voir qu'il était lui-même tout dévoué au parti des Carolingiens; il écrivait au moment où la France était divisée entre les partisans de la dynastie de Charlemagne et ceux de la dynastie qui allait remplacer celle-ci; il résidait dans un pays où ces questions politiques surexcitaient les esprits. En donnant une origine saxonne à Hugue Capet, on le faisait descendre du chef saxon que Charlemagne avait si longtemps combattu et vaincu. Richer ne se rendait-il pas simplement l'écho des bruits qui circulaient, parmi les partisans des Carolingiens, sur le chef de la famille qui allait ruiner leurs espérances? Richer transformait les descendants de Robert-le-Fort en étrangers, par malveillance, comme Dante, plus tard, transformait Hugue Capet en fils de boucher [3]; et il se trouva des gens qui répétèrent la ridicule assertion du poète italien [4].

---

[1] Je citerai principalement la chanson de geste de *Hugue Capet*, publiée par M. le marquis de La Grange.
[2] *Examen sommaire des différentes opinions proposées sur l'origine de la Maison de France. Mém. de l'Acad. des inscriptions*, t. XX. p. 518.
[3] Dante, xxe chant du *Purgatoire*.
[4] La chanson du geste de Hugue Capet dit :
    Ce fu Huez Capez c'on apelle bouchier;
    Ce fu voirs, mais moult pau en savoit de mestier.
    Il estoit gentils hons et fils de chevallier
    Et avoit ly sien père con apelloit Richier.
Le poète suppose en effet et veut que Hugue soit fils de Richier, sire de Beaugency.

L'opinion de Richer n'était pas tellement répandue du IXe au XIIe siècle, qu'on ne trouve de nombreux auteurs qui l'ignorent, ou mieux, qui la contredisent indirectement.

Abbon (fin du IXe) considère Eude, fils de Robert-le-Fort, comme neustrien [1]. — Adrevald et Adelaire, moines de Fleury-sur-Loire, contemporains d'Abbon, ne disent rien sur l'origine de Robert dans les ouvrages qui nous restent d'eux [2]. Les Annales de Saint-Bertin et celles de Metz sont muettes sur le sujet qui nous occupe.

Au XIe siècle, Réginon, Oderan, moine de Saint-Pierre-le-Vif, la chronique de Saint-Bénigne, gardent également le silence. — Helgaud, moine de Fleury-sur-Loire, paraît, bien qu'il dût connaître les écrits d'Aimoin, abbé de ce monastère, avoir une opinion différente, qui donna naissance à un nouveau système sur lequel j'aurai à revenir. — Le bourguignon Raoul Glaber, moine à Cluny vers 1050, assurait ne rien savoir sur la famille de Robert-le-Fort [3].

Au XIIe siècle, le moine Clair, auteur de la Chronique de Saint-Pierre-le-Vif, n'en touchait pas un mot ; Hugue de Cleers, sénéchal de la Flèche et de Baugé, qualifiait les descendants de Robert de *Bourguignons* [4].

---

et de Béatrix, fille du plus riche boucher de Paris. — Voy. aussi Villon, Agrippa de Nettesheim, la *Chronique de S. Bern.*

[1] L. II, v. 442 et *seq.*
  Intereà Carolus regno, vita quoque nudus,
  Viscera Opis divæ complectitur abdita tristis.
  Lætus Odo regis nomen regni quoque numen,
  Francorum populo gratans faventeque multo
  Ilicet, atque manus, sceptrum diademaque vertex.
  Francia lætatur, quamvis *is Neustricus esset;*
  Nam nullum similem sibimet genitum reperire ;
  Nec quia dux illi Burgundia defuit ejus
  Neustria ad insignis nati concurrit honorem.
  Sic uno ternum congaudet ovamine regnum.

[2] *Miracula S. Benedicti*, t. 1, édit. de la Société de l'Hist. de France.

[3] « Fuit enim hic Hugo filius Roberti Parisiorum comitis, qui videlicet Robertus fuit brevi in tempore rex constitutus, et ab exercitu Saxonum est interfectus. Cujus genus iccirco adnotare distulimus quia valde in ante reperitur obscurum. » *(De Rodulpho reg.*, c. 11.) Aubri de Trois-Fontaines avoue aussi qu'il ne sait rien au delà de Robert-le-Fort : « Ulteriùs nesciverant de illius (Roberti) origine historiographi dicere. » *Chron.*, ad ann. 988.

[4] Dans un récit assez embrouillé, Hugue de Cleers dit que le comte du Mans et le comte de Corbon « dedignabantur recipere feodum suum a prædicto rege (Roberto), « asserentes nullo modo se posse subjeci generi Burgundionum. » Du Chesne, I. 318.

Au milieu du xe siècle, un moine de Corvey, en Saxe, écrivait les *Gesta Saxonica*; il se nommait Witikind. Dans le cours de ses récits, il parle de la famille de Robert-le-Fort de telle façon que ses lecteurs peuvent facilement voir qu'il était très-imparfaitement informé [1]. Il ne fait aucune allusion à l'origine saxonne de cette famille: tout en rappelant que l'empereur Henri de Saxe eut de sa femme Mathilde une fille, Hatwige, mère de Hugue-Capet; que Mathilde de Ringelheim était de la famille du célèbre Witikind; enfin qu'elle avait pour père Thierry, et celui-ci pour frères Witikind, Immet et Reginbors, il paraît considérer le roi Eude comme un Franc.

De même qu'à la fin du xiiie siècle et au xive, il y avait des poètes et des romanciers qui appelaient Hugue-Capet *fils de boucher*, sous prétexte que sa mère aurait été fille d'un boucher de Paris, je suis très-porté à penser que l'on en fit un saxon au xe, parce que sa mère était véritablement saxonne. La descendance maternelle du grand Witikind aurait été le principal prétexte qui permettait de rattacher l'arrière-petit-fils de Robert-le-Fort, puis celui-ci, au chef saxon ou à l'un de ses descendants.

L'existence de Witikind, *advena germanus*, père de Robert-le-Fort, me semble donc parfaitement contestable; et cela d'autant plus que je ne crois pas impossible de trouver une autre origine, établie sur des témoignages plus sérieux [2].

Il ne faut pas, cependant, terminer ce que j'ai à dire de l'origine saxonne de Robert-le-Fort sans parler d'une opinion d'après laquelle ce personnage serait issu de l'une des familles saxonnes transportées en Normandie sous Charlemagne [3] : de cette manière,

---

[1] Liv. I. « Hunc quidem ex orientalibus Francis adiens nomine Oda, vir fortis et prudens, egitque consilio suo, ut cum Danis bene pugnaretur qui jam multis annis Caroli regnum vexabant, unaque die ex eis ad centum milia cæderentur... Huga cujus pater Rodbertus filius Odonis ab exercitu Caroli occisus est, misit et dolo eum cepit posuitque in custodia publica donec vitam finiret. »

[2] N'omettons pas de rappeler que J. G. Eckart, l'infatigable compilateur de tout ce qui se rattache à l'histoire de la France orientale, n'a aucune tendance à croire à la descendance de Witikind, en ce qui concerne Robert-le-Fort. Bien qu'il se donne pour tâche d'illustrer la Lorraine et l'Allemagne occidentale en en faisant sortir la plupart des personnages célèbres, et qu'il revendique le premier auteur connu de la Maison de France, il propose de voir dans Robert le fils d'un comte de Tours qui aurait été d'abord comte de Mayence.

[3] Les auteurs de la Préface du tome X du *Recueil des Historiens de France*, tout en paraissant ne pas oser, plus que le P. Anselme, prendre un parti sur la question qui nous occupe, penchent cependant pour cette opinion *(septima et verior forsan*

on tentait de concilier le texte d'Abbon avec celui de Richer; Robert serait issu de Saxons établis en Neustrie. — D'autres pensaient qu'il s'agissait du Saonnois, *pagus Sagonensis, condita Sagonensis*, composé plus tard de cinq doyennés du diocèse du Mans, qui, dans un diplôme de Louis-le-Débonnaire, daté de 838, auraient été appelés *Saxonia patria*. Mais il faut remarquer que ce diplôme, connu seulement par le manuscrit du Mans intitulé *Gesta Aldrici episcopi*, n'est rien moins qu'authentique. L'empereur Louis, par cet acte, rend à l'église du Mans la *villa Lugdunum* qu'il avait donnée précédemment en bénéfice à *Banzlebus, comes et Saxoniæ patriæ marchio noster*. Ce nom et les titres qui l'accompagnent suffisent pour faire honneur à l'imagination érudite des clercs qui composèrent et compilèrent, au XIe siècle, les documents compris dans le *Gesta Aldrici*; mais ils ne peuvent manquer de mettre la critique historique en grande défiance.

Mathieu Zampini, jurisconsulte italien [1], rattachait Robert-le-Fort aux Carolingiens, en le faisant descendre de Childebrand, frère de Charles Martel. Pour en arriver là, il était obligé de confondre Robert-le-Fort avec un de ses homonymes, sur lequel je crois devoir donner quelques détails, et de supposer celui-ci fils d'un Théotbert, comte de Madrie, lui-même fils de Nébelong dont le père était Childebrand. On sait que, grâce à des documents apocryphes, on fit à Childebrand une longue lignée parfaitement fantastique. Sans discuter ce fait, qui est étranger à la question traitée ici, il suffira que j'établisse que Robert, supposé fils de Théotbert, comte de Madrie, est un autre personnage que Robert-le-Fort.

Ce Robert, au milieu du IXe siècle, résidait, dit-on, à *Saxiacum* (Sesseau), sur les bords de la Petite-Saudre, en Berry, non loin de la Chapelle d'Angilon. La légende de saint Jacques, rédigée, au XVIe siècle, d'après un texte plus ancien, *dit-on*, raconte que ce Saint fut autorisé à résider dans cette région par un seigneur

---

opinio). Ils semblent tentés de croire que Robert-le-Fort était quelquefois appelé *Saxon* « parce qu'il descendait de quelque chef des anciens Saxons établis, dès le VIe siècle, en Neustrie ou en Armorique, ou parce qu'il était originaire du pays de Séez désigné dans deux anciens cartulaires sous le nom de *Saxia* et de *Saxonum civitas*. »

[1] *De origine et atavis Hugonis Capeti*

nommé Robert, époux d'Agane, fille de Vicfrid, comte de Bourges, et issu du sang des rois de France [1].

Il me semble que l'auteur moderne de la vie de l'ermite saint Jacques s'est inspiré de la légende de la translation des reliques de saint Genou, écrite, dans la première moitié du xie siècle, par un moine de Saint-Genou-de-Lestrée. Nous y retrouvons, en effet, Wicfrid, comte de Bourges, qui, de sa femme Oda, aurait eu Agana mariée à Robert « insignis honestæque potentiæ viro, primoque palatii Pippini regis. » L'auteur, qui nous dit que Robert était beau-frère de ce roi, puisque ce dernier avait épousé sa sœur, parle un peu plus loin des rois Eude et Robert, ainsi que de l'avénement d'Hugue-Capet, sans laisser supposer qu'ils appartinsent à la même famille que le gendre du comte de Bourges.

Pour M. Mabille, d'ailleurs, le récit du moine de Saint-Genou-de l'Estrée est une légende qui ne mérite aucune confiance en ce qui concerne les faits accomplis près de cent cinquante ans avant sa rédaction ; en outre, Wifred ou Acfred, comte de Bourges, est un personnage imaginaire, que l'on a confondu avec Ecfred, comte de Toulouse, pris par Robert-le-Fort, vers 864, à la suite d'une révolte à la tête de laquelle était Charles d'Aquitaine, fils de Charles-le-Chauve.

On ne peut donc admettre l'hypothèse de Math. Zampini, bien qu'elle ait séduit André Du Chesne. Le système du duc d'Epernon est tout aussi faux, puisqu'il s'appuie sur une suite de comtes d'Autun, issus des comtes de Madrie et de Childebrand, d'après des textes apocryphes. M. Mabille a établi solidement que Hildebrand, premier comte connu d'Autun, était proche parent de S. Guillaume de Gellone, duc d'Aquitaine, originaire du pays d'Autun et probablement de l'Auxois [2]. Il a également rétabli, autant que cela est possible aujourd'hui, la suite des anciens comtes d'Autun, parmi lesquels figure Robert-le-Fort, mais accidentellement et sans que les liens du sang le rattachent à ceux-ci.

Chifflet, Mabillon, dom George Violle, préoccupés sans doute du texte d'Aimoin, donnaient à Robert une origine germaine :

---

[1] « ... Principem Robertum Saxiaci vici et circumjacentis regionis dominum ; vir potens et nobilis ex regum Francorum genere ortus. » — Cf. *Hist. de France*, t. VII, p. 382 ; Mabillon, *Ann. Benedict.*, t. XXXII, p. 582 ; *Act. Ord. S. Benedict.*, sæc. IV, pars II, p. 151.

[2] *Notes sur l'histoire de Languedoc*, p. 36 et seq.

ils supposaient que l'épithète de Saxon, *Saxonico genere*, était synonyme d'*allemand*. Voici comme ils expliquent leur interprétation : la maison de Saxe ayant fourni plusieurs empereurs d'Allemagne, on avait été amené à faire cette confusion ; pour eux, Conrad, comte d'Altorf et d'Auxerre, fils de Welphe de Bavière et frère de l'impératrice Judith, aurait eu deux fils, Robert-le-Fort et Hugue-l'Abbé [1].

La fraternité de Robert et de Hugue repose uniquement sur la mauvaise lecture d'un mot de la chronique de Saint-Bénigne de Dijon. Voici le texte, qu'il nous importe de bien comprendre : *Supererant duo filii Roberti Andegavorum comitis,* FRS *Hugonis abbatis; senior Odo dicebatur, Robertus alter, patrem nomine referens* [2].

Si on lit *frs fratris*, Robert-le-Fort était frère de Hugue-l'Abbé ; — si on lit *fratres*, Eude et Robert, fils de Robert-le-Fort, étaient frères de Hugue-l'Abbé. Hâtons-nous de dire que les annales de Saint-Bertin nous apprennent que Hugue-l'Abbé était fils de Conrad, oncle du roi Charles-le-Chauve.

Il en résulte que, si Robert-le-Fort est *frère* de Hugue-l'Abbé, il est fils de Conrad ; si Eude et Robert sont fils de Robert-le-Fort et frères de Hugue, fils de Conrad, c'est que la veuve de celui-ci a épousé Robert-le-Fort, ou que Hugue a épousé une fille de Robert-le-Fort ; cette dernière hypothèse est peu admissible, puisque Hugue-l'Abbé était sous-diacre, et avait même été désigné, en 864, par les évêques au choix du roi Lothaire pour remplacer, sur le siége archiépiscopal de Cologne, Guntier, qui avait été déposé et excommunié.

Des différentes copies de la Chronique de Saint-Bénigne qui ont été faites aux XVIe et XVIIe siècles, et qui sont à la Bibliothèque nationale, trois donnent la leçon *fratres*, et non *fratris*; l'un des trois dont je viens de parler porte *fratris* interligné.

---

[1] *Traité de diplomat.*, in-f°, suppl., ch. x, p. 11. — D. Violle, *Histoire de Saint-Germain d'Auxerre*.

[2] Le texte que je cite de la *Chronique de Saint-Bénigne* est répété dans les *Miracles de saint Benoît*, l. II, la *Vie de Garnier, abbé de Saint-Bénigne*, la *Chronique de Bèze* par le moine Jean. Le manuscrit original de la *Chronique de Saint-Bénigne*, du XIe siècle, n° 318 de la Bibliothèque de Dijon, donne le mot abrégé *frs*; des quatre copies des XVIe et XVIIe siècles qui sont conservées à la Bibliothèque nationale sous les n°s 5651, 10937, 12821, et 12822 du Fonds latin, trois donnent *fratres* et un *fratris* en toutes lettres. Il est évident que les copistes modernes traduisaient l'abréviation suivant le système historique qui leur plaisait le plus.

J'ai donc eu recours au manuscrit original, que mes confrères MM. Guignard et d'Arbaumont ont bien voulu examiner. Il résulte de cette étude que le mot abrégé *frs* doit être lu *fratres*, attendu que quelques lignes plus bas le mot *fratris* est écrit *fris*. — La chronique de Saint-Bénigne laisse donc la question non résolue en ce qui concerne Robert-le-Fort; il n'était pas fils de Conrad, et tout ce qu'on peut en induire, c'est qu'il avait épousé la veuve de celui-ci, Adélaïde, fille de Louis-le-Débonnaire.

Mais, alors, Adélaïde n'aurait été que la seconde femme de Robert: Conrad, en effet, mourut en 866, Robert en 867; et Eude, étant mort, en 898, à l'âge de 40 ans, était né en 858.

Il est donc parfaitement démontré que Hugue-l'Abbé, fils de Conrad, comte d'Auxerre, et d'Adélaïde, était beau-fils de Robert.

Nous ne parlons que pour mémoire de l'opinion du P. Tournemine; il voulait que Hugue-l'Abbé, fils naturel de Charlemagne, ait eu un fils du même nom que lui, père de Robert-le-Fort et de Hugue III l'Abbé. Le fils naturel de Charlemagne fut tué devant Toulouse en 844, et aucun texte n'autorise à supposer que ce personnage, qui était pourvu de l'abbaye de Saint-Quentin, ait laissé de postérité.

L'hypothèse du P. Tournemine n'est, du reste, que la reproduction d'un passage d'Aubri de Trois-Fontaines, que l'on peut lire dans sa chronique, *ad ann. 988 :* « Matrem verò regis Odonis et ducis Roberti, uxorem videlicet Roberti fortis marchionis, credimus fuisse illam quæ dicta est nomine Regina, quæ, cùm esset juvencula, fuit concubina Caroli Magni jam senioris, cui peperit episcopum Drogonem Metensium, et abbatem Hugonem, et hanc opinionem habemus ex Collectione Sancti Benigni, ubi dicitur quod rex Odo et Robertus fratres fuerunt abbatis Hugonis. »

Le Gendre de Saint-Aubin [1] voulut appuyer un autre système-

---

Je ferai enfin remarquer qu'un passage d'Aimoin est ainsi donné par Du Chesne. *Hujus in diebus effera memoratorum natio Danorum tertiam Neustrasiis inflictura cladem advenit, intulissetque majorem superioribus, ni Hugo [ut fertur Roberti filius] per Gallias abbatis honore præditus eorum compercuisset temerarios ausus.* — Les mots placés entre crochets ne sont pas dans le texte véritable donné dans l'édition de la Société de l'Histoire de France.

[1] *Des Antiquités de la Maison de France*, 1739.

système sur un passage d'Helgaud, moine de Fleury-sur-Loire (mort en 1048), dans lequel ce chroniqueur raconte qu'il entendit, de la bouche même de Robert, que la famille de ce roi était originaire d'*Ausonie* [1]. Il chercha donc en Italie la patrie des ancêtres de Hugue-Capet, et modifia le système de Zampini. Au lieu de supposer Childebrand fils de Pépin d'Héristal, il en fit son gendre et lui donna pour père Sigibrand, frère de Luitprand, roi des Lombards. Celui-ci étant mort sans enfants, Childebrand lui aurait succédé, aurait régné pendant sept mois, et de la sœur de Charles-Martel aurait eu Nébelong, comte de Madrie, d'où Théodebert, comte de Madrie, et Robert (le même que *Robertus dominus Saxiaci vici*), père de Robert-le-Fort. Le simple énoncé sommaire de ce système suffit pour laisser deviner qu'il ne repose sur aucune base discutable.

Mais reste le texte d'Helgaud, sur lequel il est utile que je soumette mon appréciation à mes lecteurs.

En 1740, Sainte-Palaye attribuait le manuscrit au XIIIe siècle; il remarquait que plusieurs passages en avaient été grattés, et que l'on avait ajouté en marge, d'une écriture un peu postérieure, les passages à intercaler qui, vu leur longueur, ne pouvaient être transcrits dans l'espace laissé vide par les corrections; le texte relatif à l'*Ausonie* se trouvait justement dans ce cas.

M. le commandeur de Rossi a bien voulu, sur ma prière, revoir le manuscrit qui, selon son jugement, est du XIVe siècle: le mot *Ausoniæ* est d'une lecture indubitable, mais le savant archéologue m'a confirmé que le passage en question se trouve dans une lacune du texte, et qu'on y a suppléé dans la marge par une écriture petite et serrée. Jusqu'à ce que l'on ait pu faire une bonne édition critique de l'œuvre d'Helgaud, le témoignage de ce religieux n'a aucune valeur. Nous ne connaissons pas, quant à présent, ce que pouvait contenir son récit original, et nous devons regretter d'ignorer encore quelle était l'opinion du roi Robert sur l'origine de sa propre famille, bien que déjà, de son temps, la tradition historique fut obscurcie par le besoin poli-

---

[1] *Hist. de France*, t. X, p. 99. « Fuit rex Francorum Rotbertus origine natus nobilissimâ, patre illustri Hugone, matre Adhelaïde vocitata, quæ adeo bene laudata tanti filii digna extitit prærogativa. Ejus inclyta progenies, sicuti ipse suis sanctis et humillimis asserebat verbis, ab Ausoniæ partibus descenderat. »

tique que l'on avait de rattacher la maison régnante aux Carolingiens et aux empereurs allemands, auxquels elle tenait, du reste, par ses alliances.

Je crois qu'au point de la discussion où nous en sommes venus, il est facile de constater le peu de solidité des systèmes proposés jusqu'ici au sujet de l'origine de la Maison de France. Des documents d'une authenticité contestable, des textes mal traduits ou rapprochés sans critique, ont fourni les arguments principaux de ceux qui ont voulu à tout prix forger une généalogie, comme on le faisait jadis.

Il me reste maintenant, ainsi que je m'y suis engagé, à faire connaître mon opinion personnelle sur la nationalité et l'origine de Robert-le-Fort. Il est bien entendu qu'avec le peu d'éléments laissés par les chroniqueurs du VIIIᵉ au IXᵉ siècle, il ne faut pas songer à rétablir les premiers degrés de la Maison de France dans l'ordre scrupuleux qui mettaient les d'Hozier et les Chérin à composer leurs travaux. Mais il me semble que l'on peut tracer les lignes principales du tableau.

Robert-le-Fort était neustrien : Abbon nous le dit formellement, et ce témoignage contemporain d'un homme, qui a connu les fils de Robert, doit être pris en grande considération. J'ajouterai qu'il n'appartenait directement à aucune famille régnante : les historiens nous l'auraient appris s'il en eût été autrement. Dès que nous le voyons paraître, c'est comme un de ces personnages d'un rang élevé, investis de hautes fonctions, que l'on désignait sous le nom de *proceres*.

Je dis qu'il était neustrien ; or, à cette époque, on appelait Neustrie, et quelquefois Celtique, le pays qui formait la France occidentale, et particulièrement la région située entre la Seine et la Loire [1]. Rien ne permet de penser, dans le cours de l'histoire de Robert et de ses descendants, qu'ils aient eu des relations, ou des liens, chez les Saxons établis en Normandie et dans la France occidentale. Si Richer a parlé d'un Witikind qui aurait été le père de Robert, c'est, je le répète, qu'il écrivait à la fin du Xᵉ siècle, du temps de Hugue-Capet qui, par sa mère, se rattachait au célèbre chef des Saxons.

La plus ancienne propriété personnelle de Robert-le-Fort était

---

[1] Richer, 1, 4. — *Gesta consul. Andegav.*, ap. D. Bouquet, t. IX, p. 29.

dans le Blésois. Dès 865, il échangeait des biens situés à Saint-Lubin-en-Vergonnois avec Actard, évêque de Nantes : on peut même dire qu'il était propriétaire du Blésois, puisqu'il parle de son comté [1] dans cet acte, passé au château de Blois. Le Blésois resta dans la famille de Robert comme bien patrimonial ; en 895, Saint-Lubin-de-Suèvres et Saint-Denis-sur-Loire, alleux de ce pays, donnés par le roi Eude à Guarnegaud, son vicomte à Blois, sont aumônés par celui-ci à Saint-Martin de Tours [2]. Enfin, lorsque ce même roi Eude voulut récompenser Ingon, qui avait porté l'enseigne royale dans une rencontre avec les Normands vers 892, il lui donna le comté de Blois en toute propriété [3]. Tous ces faits établissent que Robert-le-Fort avait son principal établissement à Blois, c'est-à-dire en pleine Neustrie, ce qui confirme singulièrement l'allégation d'Abbon.

Douze ans auparavant, nous voyons Dodon, évêque d'Angers, le comte Osbert et *Robert* envoyés comme *missi dominici* dans la Touraine, l'Anjou, le Maine et les pays de Séez et Corbonais [4]. Si on se rappelle que les *missi* étaient choisis parmi les prélats et les *proceres* des régions dans lesquelles ils avaient à remplir leur charge, on n'aura pas de peine à reconnaître dans ce Robert l'auteur de la Maison de France. Le *missus dominicus* de 853 était le même personnage que le seigneur de Blois choisi pour être comte d'Angers en 858 et pour défendre les marches.

Remarquons maintenant que Orderic Vital, auteur du commencement du XIIe siècle, donne à Hugue-le-Grand l'épithète d'Orléanais : *Tunc Hugo Magnus Aurelianensis, dux Francorum, cunctis proceribus sublimior divitiis et potentia viguit.* Pour Orderic, Hugue appartenait à une famille orléanaise ; et nous verrons plus loin que les descendants de Robert-le-Fort avaient des biens considérables dans ce pays, particulièrement du côté du Blésois.

D'ailleurs, avant que Robert-le-Fort n'eut le Blésois, ce pays appartenait à Guillaume, frère d'Eude, qui fut comte d'Orléans et

---

[1] *Ex pancarta nigra S.-Martin. Tur.*, fo 97. — Copie dans les *Armoires de Baluze*, 320. — Je ne serais pas éloigné de penser qu'ici le mot *comitatus* est synonyme de *dominium*, et qu'il ne s'agit pas d'une circonscription administrative confiée par le roi à un comte. Cf. du Cange, vo *Comitatus*.
[2] *Arm. de Baluze*, t. LXXVI, 149.
[3] Richer, I, 9-11.
[4] *Capitul. Silv.*, ap. *Hist. de Fr.*, VII, 616.

chargé, un moment, de défendre le pays situé entre la Seine et la Loire. Les deux frères furent tués, ainsi que Gui, comte du Mans, dans une bataille livrée aux comtes Lambert et Matfrid en 835 [1]. Eude et son frère étaient dévoués à Louis-le-Débonnaire, dont le fils, Charles-le-Chauve, avait épousé Hermentrude, fille du premier. Lambert et Matfrid, alors comte d'Orléans, tenaient le parti de Lothaire, en pleine révolte contre son père. Le premier acte de Charles-le-Chauve, rendu à la liberté, fut d'enlever à Matfrid le comté d'Orléans, et de le donner à Eude, avec la mission de réunir toutes les forces disponibles entre la Seine et la Loire pour soumettre les séditieux qui, réunis aux Bretons, tenaient la campagne dans l'Ouest. Après la défaite et la mort du comte Eude, Matfrid fit sa soumission, fut réintégré dans son gouvernement, et mourut peu après en 836 [2].

N'est-il pas permis de penser que Robert-le-Fort, propriétaire du Blésois après la mort de Guillaume, frère de Eude, puis investi du grand commandement qu'avait eu ce dernier, a appartenu à la famille de celui-ci, alliée elle-même à la maison régnante? Cette hypothèse, qui ne manque pas de commencement de preuves, me paraît plus simple et plus probable que toutes les autres conjectures; elle serait même inattaquable, si l'on admettai l'authenticité d'un acte que je transcris en note, et duquel il résulte que Robert-le-Fort reconnaissait Eude, comte d'Orléans, comme son oncle [3]. — De toute manière, puisque Robert-le-Fort était propriétaire du Blésois avant la mort de Guillaume, fils d'Eude, comte d'Orléans, c'est qu'il en avait hérité; et comme celui qui le précéda était Guillaume, frère de ce même comte, il y a tout

---

[1] Nithard, I, 5. — Adrevald, ap. Mirac. S. Bened., I, 20 à 21. — Chron. Rainaldi archid. Andeg., ad ann. 835. — Chron. Vindoc., ad. ann. 836. — Astronom. vit. Lud. I, ap. Hist. de Fr.,. t. VI, p. 110.

[2] M. Mabille pense qu'Eude était comte d'Orléans et de Nevers dès 828, d'Autun de 830 à 834, et qu'il était parent de Bernard, marquis de Gothie. Dans cette hypothèse, Eude aurait été remplacé à Orléans par Matfrid ; puis, il aurait recouvré ce comté après la défection de ce dernier. — Le comte Eude eut un fils nommé Guillaume dont on sait peu de chose : il avait des bénéfices en Bourgogne et fut décapité, par ordre du roi, près de Senlis, pour cause de rébellion, en 866. Cf. Ann. S. Bertin.

[3] Lespinte, Ann. eccles. Franc., t. VIII, p. 101. « Nos Robertus gratia omnipotentis Dei inclyti gregis confessoris Christi beati Martini abbas, ne non et comes, ad petitionem canonicorum ejusdem basilicæ, confirmavimus donationem bonorum olim donatorum eidem ecclesiæ ab Odone quondam comite aurelianensi avunculo nostro, et Willelmo ejus filio, etc... Data x Kal. Martii anno xxvii, regnante domino Carolo gloriosissimo rege, indict. xv. » — Bréquigny, I, 276.

lieu de penser que Robert-le-Fort pouvait être fils de ce dernier.

M. E. Mabille[1], après avoir rappelé tout ce que l'on sait sur les comtes qui se sont succédés à Tours, constate que les prénoms Robert et Hugue.ont été portés par la descendance de Robert-le-Fort pendant plusieurs générations. Il serait disposé à penser que Robert-le-Fort était fils ou très-proche parent de Robert, comte de Tours en 822; que ce dernier était *peut-être* issu de Hugue, comte de Tours dès 811, mort en 822, et dont le fils, Béranger, fut comte de Toulouse de 817 à 835. — Si des textes venaient à corroborer ce système ingénieux, je serais tout porté à rattacher Guillaume, seigneur de Blois, à la famille des comtes de Tours. Mais jusqu'ici rien, sauf la similitude des noms, ne vient à l'appui de ce système. A cette époque, les noms d'Hugue et de Robert sont assez répandus partout, et d'ailleurs si la transmission des noms peut être invoquée comme indication généalogique — ce que, du reste, j'admets jusqu'à un certain point, — nous trouvons un fils et deux arrière-petit-fils de Robert-le-Fort qui s'appellent Eude, comme le comte d'Orléans.

Voici donc dans quel ordre j'établis la filiation de Hugue Capet :

GUILLAUME, comte, seigneur de Blois, frère d'Eude, comte d'Orléans, fut très-probablement père de Robert-le-Fort, et de deux filles, dont l'une épousa le comte Adalelme, et l'autre Maingaud, comte au diocèse de Trèves;

ROBERT-LE-FORT, comte et marquis d'Angers, d'Autun et de Nevers, abbé de Saint-Martin de Tours à dater de 886, il eut deux femmes. La première, dont le nom est inconnu et que je crois avoir été une princesse italienne, lui donna seule des enfants. La seconde, qui était Adélaïde, veuve de Conrad, comte de Paris, ne put devenir son épouse qu'en 866, puisque son premier mari mourut en cette année. Les enfants de Robert-le-Fort sont :

1° *Eude*, comte de Paris, d'Anjou, abbé de Saint-Martin de Tours, roi de France en 888, mort en 898. Il ne paraît pas avoir contracté de mariage;

2° *Robert*, qui suit, duc et marquis de Bourgogne;

3° *Richilde*, épouse de Gerlon, deuxième comte pro-

---

[1] *Chronique des comtes d'Anjou* (édit. de la Société de l'Hist. de France). Introduction, p. 54 et *seq.*

priétaire de Blois, mère de Richard, archevêque de Bourges, et de Thibaud-le-Tricheur, dont sont issus les comtes de Blois, de Chartres et de Champagne [1].

Nous plaçons ici pour mémoire *Hugue* dit l'*Abbé*, fils du premier mariage d'Adélaïde, seconde femme de Robert-le-Fort, et par conséquent beau-frère des précédents.

ROBERT, duc et marquis de Bourgogne, comte de Poitiers, abbé de Saint-Aignan d'Orléans, Saint-Martin de Tours, Saint-Germain-des-Prés, Saint-Denis, Saint-Vincent, Maurienval, roi en 922, mort en 923. Il épousa : 1° *Béatrix*, fille de Herbert Ier, comte de Vermandois [2], et c'est sans doute grâce à cette alliance que Bérenger, roi des Romains, le qualifiait de parent (ce dernier descendait, en effet, par sa mère, de Louis-le-Débonnaire, et Herbert était issu du sang de Charlemagne) ; — 2° *Rothilde* [3], à qui Charles-le-Simple donna, puis enleva l'abbaye de Chelles. Les enfants de Robert furent :

1° *Hugue* qui suit ;

2° *Emma*, épouse de Raoul, fils de Richard-le-Justicier, duc de Bourgogne, qui fut roi des Francs ;

3° Une seconde fille à laquelle on donna, sans preuve certaine, le nom d'Hildebrante [4], mais dont l'existence n'est pas contestable, épousa Herbert II, comte de Vermandois ;

HUGUE, dit le Grand, comte du Mans, duc de la Bourgogne inférieure, duc des Francs, abbé de Saint-Martin de Tours et de Marmoutiers, comte de Paris. Il laissa de Hawis, fille de Henri, empereur d'Allemagne :

1° *Hugue-Capet*, fondateur de la troisième dynastie des rois de France ;

---

[1] *Hist. des ducs et comtes de Champagne*, par M. d'Arbois de Jubainville, t. 1, p. 69.

[2] Aubri de Trois-Fontaines, *ad ann.* 922, dit que la mère d'Hugue-le-Grand, et par conséquent, l'une des femmes de Robert, était fille du duc Hugue de Bourgogne : c'est une erreur évidente. C'est par distraction, sans doute, que M. Mabille (*La Pancarte noire de Saint-Martin de Tours*, p. 102) donne le nom d'Hélène à la mère de Hugue-le-Grand.

[3] Cette alliance est fondée sur un passage de la chronique de Flodoard qui parle de Rothilde comme belle-mère de Hugue-le-Grand, ad ann. 922 : « Quo cum eisdem super Axonam, in pagum Laudunensem profecto, propter praedictum Hagononem, cui rex abbatiam Rothildis amitae suae, socrus autem Hugonis, dederat, nomine Calam. »

[4] M. d'Arbois de Jubainville, *op. laud.*, t. I, p. 76 et seq.

2° *Otton* qui, étant mort sans enfants de Leutgarde, fille de Giselbert, duc de Bourgogne, eut pour héritier son frère ;

3° *Henri*, dit le Grand, considéré comme le premier duc propriétaire de Bourgogne ;

4° *Emma*, épouse de Richard, duc de Normandie ;

5° *Béatrix*, épouse de Frédéric, duc de Mosellane.

Après avoir parlé de l'origine de Robert-le-Fort, nous devons examiner quelques points controversés relatifs à plusieurs de ses proches parents.

Mon savant ami et confrère M. d'Arbois de Jubainville [1] pense qu'Eude, fils aîné de Robert-le-Fort, fut comte de Troyes de 854 à 878 ; à l'appui de son système, il fait remarquer que le comte de Troyes, alors nommé *Eude*, avait aussi un frère nommé *Robert*. Suivant M. d'Arbois de Jubainville, Eude, devenu roi, aurait transmis le comté à son frère Robert, aussi roi après lui ; et à la mort de celui-ci, Herbert II de Vermandois, gendre du roi Robert, aurait hérité du comté de Troyes.

Pour accepter cette conjecture historique, il faut admettre que le roi Eude vécut au moins vingt ans de plus qu'on ne le croit généralement ; qu'il avait soixante ans environ lorsqu'il mourut. Il faut admettre, en outre, que, depuis 878, le comté de Troyes appartint héréditairement aux descendants de Robert-le-Fort [2].

La première proposition me semble peu probable, en présence des textes qui nous apprennent que, si Hugue-l'Abbé succéda aux dignités de Robert-le-Fort, c'est que le fils aîné de celui-ci était encore trop jeune pour en être revêtu. Or, si l'on veut qu'Eude soit mort à 60 ans au moins en 898, il serait né en 838 ; et, à la mort de son père, en 867, il aurait eu 31 ans, ce qui ne peut guère s'appliquer à un homme trop jeune pour être investi d'un grand commandement. — J'ajouterai, en ce qui touche à la seconde proposition, que rien ne permet de supposer que les descendants de

---

[1] *Hist. des ducs et des comtes de Champagne*, t. I, p. 62 et seq.

[2] *Ann. Mett.*, ad ann. 867. « Non multo post interjecto tempore, Hugo abbas in locum Roberti substituitur, vir strenuus, humilis, justus, pacificus et omni morum honestate fundatus ; siquidem Odo et Robertus filii Roberti adhuc parvuli erant, quando pater extinctus est ; et iccirco non illis ducatus commissus. »

Robert-le-Fort aient eu des propriétés patrimoniales dans le comté de Troyes.

Mais ce que M. d'Arbois de Jubainville a établi très-solidement, c'est que, de 854 à 878, il y eut un comte bénéficiaire de Troyes, du nom d'Eude, qui avait succédé à Alédramne; il combattait les Normands en 866, allait en ambassade auprès de Louis de Germanie en 870, pour négocier le partage du royaume de Lorraine, et en 877, par ordre de Charles-le-Chauve, mettait son propre frère Robert en possession de Chaource [1]. De 882 à 898, le comte Eude eut pour successeur à Troyes son frère Robert. Mais ces deux personnages ne peuvent être confondus avec Eude et Robert, fils de Robert-le-Fort : je crois même que c'est à eux qu'il est fait allusion dans ce passage où l'on parle d'une défaite subie près de Melun en 866 [2]; en effet, en se reportant à ce que je disais plus haut sur l'âge d'Eude de France, on est amené à croire qu'il avait alors huit ans.

L'histoire nous révèle les noms de trois personnages, qualifiés de *nepotes* du roi Eude : si l'on donne à ce mot latin le sens général de neveux, on arrive à établir un degré de parenté assez proche, qui pourrait faire retrouver des frères ou des sœurs d'Eude. Mais il ne faut pas oublier que le mot *nepos* indique souvent le *cousin*, ainsi que nous allons le voir à propos de l'un des personnages dont nous avons à nous occuper.

Ces trois *nepotes* sont : Gaucher (Walcherus ou Waltgarius), Adelelme, et Maingaud (Megingaudus).

Gaucher avait la qualité de comte. Les Annales de Metz disent : *Waltgarius comes nepos Odonis regis, filius scilicet avunculi ejus Adelhelmi.* On voit qu'ici *nepos* signifie le cousin germain, ce que les Annales de Saint-Wast ont parfaitement compris en substituant *consobrinus* à *nepos* [3].

---

[1] *Hist. des ducs et des comtes de Champagne*, t. I, p. 62 et 446. — *Ann. Bertin.*, ap. Du Chesne, t. III, p. 225 A, et 239 C.
Id., p. 67 et 446. — *Gall. Christ.*, t. XII, col. 493 A.
[2] *Ann. Bertin.*, ad ann. 866 « Nortmannis per alveum Sequanæ ascendentes usque ad castrum Milidunum et scaræ Karoli ex utraque parte ipsius fluminis pergunt; et egressis eisdem Nortmannis a navibus super scaram quæ major et fortior videbatur, cujus præfecti erant Rodbertus et Odo, sine conflictu eam in fugam mittunt, et onustis prædæ navibus ad suos redeunt. »
[3] *Ann. Mett.* et *Ann. S. Waast.*, ad ann. 892. — Reginon : « Igitur anno supra memorato, mense julio, Waltgarius comes nepos Odonis regis, filius scilicet avuncul

Gaucher s'était révolté contre son royal parent, et s'était emparé de Laon. Eude fit le siége de cette ville, s'en empara, prit le rebelle, et après jugement lui fit trancher la tête pour crime de lèse-majesté. On lui refusa la sépulture, et on défendit de prier pour le repos de son âme : une lettre de Foulques, archevêque de Reims, établit que Gaucher, au moment de mourir, avait témoigné son repentir et demandé les secours de la religion, que l'évêque de Laon lui avait inhumainement refusés. Le prélat, dans deux lettres, revient sur le même sujet.

Adelelme nous est seulement connu par quelques vers d'Abbon ; nous y apprenons qu'il était *nepos* du roi Eude[1], et qu'il prit part à la défense de Paris en 868. Je suis très-porté à croire que ce personnage était frère de Gaucher dont je viens de parler, et, par conséquent, fils du comte Adelelme, également mentionné dans le poëme d'Abbon, et que l'on a confondu avec un homonyme, fils d'Emenon comte de Poitiers ; celui-ci fut tué à un siége d'Aurillac, d'après Odon de Cluny[2], le seul auteur qui parle de ce personnage.

Mégingaud ou Maingaud, également *nepos* (neveu) ou plutôt

---

ejus Adalhelmi, adversus eumdem Regem, cum consilio quorumdam, rebellionis arma levavit, et Lugdunum Clavatum ingressus, omni annisu regiæ potestati contraire nititur. Quod cùm cognovisset Odo, civitatem obsidione cinxit, quam absquè morâ in deditionem recepit deinde omnibus primoribus, qui tunc ibi aderant adjudicantibus, eumdem Waltgarium decollari jussit ; eo quod in conventu publico contra regem et dominum suum gladium evaginasset. » — D'après Flodoard (*Hist. Rem.*, V, 6), Foulques, archevêque de Reims, écrivit à Didon évêque de Laon : « pro reconciliatione animæ Walcheri qui reus majestatis inventus, supplicium mortis incurrit ; de quo audierat quod in articulo mortis pœnitentiam per confessionem et sacræ communionis viaticum ab ipso expetiisset, nec impetrare valuisset insuper et sepulturæ beneficium ei fuisset denegatum et orari pro eo prohibitum. »

[1] Abbon, l. I, *v.* 452 ; l. II, *v.* 209 à 214. — *Hist. de Fr.*, t. VIII, p. 601. « Unde nepos ejus nimium tristans Adalelmus. »

[2] Odo Cluniac., *Vita S. Geraldi*. — On donne généralement à Adelelme Ier le titre de comte de Laon ; un examen attentif ne m'a rien révélé qui permît d'admettre cette qualification. J'ai seulement pu constater qu'il avait eu en bénéfice « villa Cadussa super fluvium Seræ in pago laudunensi », dont le roi disposait en 867 en faveur de St-Denis. — Je n'ai pu encore déterminer comment Robert-le-Fort était allié à Adhémar, comte de Poitiers ; mais le fait est établi par le témoignage d'Abbon (l. II, *v.* 537), lorsqu'il fait allusion à la prise d'armes de ce comte contre Eude, son parent, en 893 :

Consul Ademarus, regi *(Odoni)* copulatus eidem
Progenie, cujus memini. Proserpina dudum
Huic cessit, cuneos dum profligavit Odonis.
Umbra fugat stellas, Ademarus ab agmine vitas.
Dormit Odo, consanguineus sua proterit arma.

cousin d'Eude, était comte, dans la France orientale, au diocèse de Trèves : Hincmar et Foulque de Reims lui recommandèrent les biens que l'église de Reims possédait sur le Rhin ; et après sa mort, Foulque pria Herman, archevêque de Trèves, de les prendre sous sa protection [1]. En 888, il intervenait auprès du roi Arnould pour faire donner une *villa* à Saint-Maximin de Trèves ; et le comté qu'il administrait est encore mentionné dans un acte de 889 relatif à Saint-Boniface [2]. Il épousa Gisèle qui, devenue veuve, se remaria à Bernard, duc de Thuringe [3]. Maingaud fut tué par Aubri, frère de Humfroi, évêque de Thérouanne, en 898[4], à Rethel près de Sierck[5], et son corps transporté à Saint-Maximin dont il était l'un des bienfaiteurs.

La mort de Mégingaud, dont on ignore la cause, eut assez de retentissement dans le pays de Trèves pour que le pape Formose en écrivît à l'archevêque de Reims.

Il est impossible de supposer que Gaucher, Adelelme et Maingaud aient pu être cousins du roi Eude autrement que par son père ou sa mère, puisqu'on ne lui connaît pas d'alliance d'un autre côté ; comme aucun auteur ne nous révèle les noms d'autres enfants de Robert-le-Fort que ceux de Robert, d'Eude et de Richilde [6], il faut admettre ou que Robert-le-Fort avait eu pour première femme une sœur du comte Adelelme, ou qu'il eut lui-même deux sœurs, l'une qui épousa ce même Adelelme, et une autre le père du comte Maingaud.

Je me range à la seconde hypothèse, en rappelant que la première femme de Robert-le-Fort est citée, mais non nommée une seule fois. Elle est citée par son fils aîné Eude, en 887, dans un diplôme où il demande à l'empereur Charles-le-Gros de

---

[1] Flodoard, *Hist. eccl. Rem.*, III, 26 ; IV, 6.
[2] D. Martène, *Amplis. coll.*, I, 224.
[3] *Mirac. S. Walpurgis*, III, 5.
[4] *Ann. Mett.* « Eodem anno, mense Augusto, v cal. sept. Megingaudus comes, nepos supradicti Odonis, dolo interfectus est ab Alberico et sociis ejus in monasterio S. Sixti, quod vocatur Rotila. » Réginon, en répétant ce qui précède, ajoute : « Cujus corpus Trevirim deportatum apud S. Maximinum est sepultum. » Il dit aussi que les honneurs, c'est-à-dire le comté confié à l'administration de Maingaud fut, après sa mort, donné par le roi Arnould à son bâtard Zwentibold.
[5] Sierck (arr. de Thionville, Moselle), jadis au diocèse de Trèves, possédait une abbaye de Bénédictins transformée ensuite en chartreuse, où l'on conservait encore au siècle dernier les sandales dont saint Sixte se servait à l'autel. D. Calmet, *Notice de la Lorraine*, v° Rethel.
[6] Flodoard, IV, 2.

confirmer à l'abbaye de Saint-Martin de Tours la restitution de biens situés en Italie, jadis aumônés par Charlemagne, puis usurpés. C'étaient Solari, Liana, Le Val de Côme, et toutes leurs dépendances. Nous lisons dans ce diplôme : *Præstantissimus vir Odo religiosus abbas basilicæ eximii confessoris Christi B. Martini in suburbio Turonensis civitatis sitæ, reverenter exposcens ut res in Italia sitas.., pro remedio animæ suæ, suique genitoris Roberti ejusdem loci quondam abbatem necnon pro remedio animæ genitricis* [1].

Cet acte indique, en effet, qu'Eude a voulu rendre à Saint-Martin des biens usurpés qui se trouvaient alors dans sa possession personnelle : comment Eude, abbé de Saint-Martin, comte d'Angers, non marié, pouvait-il avoir des propriétés en Italie, si ce n'est par son père ? Comment Robert-le-Fort avait-il pu les détenir, lui qui n'avait guère passé la Loire, si ce n'est par suite d'une alliance ? Il y a donc lieu de croire que la première femme de Robert était une princesse italienne qui lui apporta en dot les biens que le comte Eude restituait en 887, en rappelant alors qu'il le faisait pour le *repos de l'âme de celle-ci* et de son père. Était-ce une fille de l'empereur Lothaire Ier ? — C'est ce que je n'ose ni affirmer ni nier.

II

On n'a pas encore songé à rechercher quelles avaient été les propriétés territoriales de la famille de Robert-le-Fort. On s'est occupé des bénéfices, des *honneurs* que les membres de cette Maison avaient obtenus ; mais on a complètement négligé ce qui, n'étant pas révocable, formait leur patrimoine et leur puissance.

Je ne comprends pas, dans les propriétés de la Maison de France, antérieurement au xie siècle, les biens qui provenaient des abbayes dont ses représentants étaient pourvus, et que,

---

[1] D. Martène : *Thes. Anecd.*, t. I, col. 4. — *Hist. de Fr.*, t. IX, p. 359.

suivant l'usage trop répandu alors, ceux-ci s'étaient attribués plus ou moins légitimement.

Dans cette catégorie se trouve Tillenay (cant. d'Auxonne, arr. de Dijon, Côte d'Or), restitué en 860, par les soins de Charles-le-Chauve, au chapitre Saint-Nazaire d'Autun [1], puis en 892, par le roi Eude et son frère, l'illustre marquis Robert, à la prière de l'évêque Adalger. Ceux-ci possédaient Tillenay, puisque dans le diplôme royal nous lisons : *Villam Tiliniacum* [2], *quam nos jure proprietatis possidere videbamur*. Ils ne pouvaient l'avoir en leur pouvoir que par Robert-le-Fort, qui avait tenu le comté d'Autun ; ce qui permet de penser, contrairement à ce qu'on répète généralement, que Robert prît possession de ce bénéfice. Tillenay, du reste, était un alleu qui excitait la convoitise des seigneurs voisins ; car, en 918, Manassès de Vergy, frère de Walon, alors évêque d'Autun, était encore contraint d'en faire la restitution [3].

Parmi les biens d'abbaye que les premiers auteurs de la Maison de France restituèrent, je citerai particulièrement Doussai (canton de l'Encloître, arr. de Chatellerault, Vienne), en 897 ; l'Hospice Saint-Clément de Tours, en 900 ; Monnaie (cant. de Vouvray, arr. de Tours, Indre-et-Loire), en 930 ; Vancé aujourd'hui Saint-Avertin (cant. et arr. de Tours), Bertenay et Joué (*idem*), en 944 [4].

Passons maintenant aux véritables biens de Robert et de ses descendants.

Je ne reviendrai pas sur le Blésois ; je crois avoir suffisamment établi que ce pays était le premier fief connu de la Maison de France.

Eude avait des biens en Poitou et dans le pays Chartrain : en 893, il donnait à Cormery, Nueil-sous-Faye et Faye-la-Vireuse, *in comitatu Pictaviensi*, en ayant soin d'ajouter que ces lieux étaient *nostræ proprietatis* [5]. — En 889, il gratifiait

---

[1] De Charmasse : *Cartul. de l'égl. d'Autun*, p. 21, 35, 36, 40.
[2] D. Plancher : *Hist. de Bourgogne*, pr., t. I, col. 16.
[3] De Charmasse : *op. laud.*, p. 36 et *seq.* Il est à remarquer que la restitution de Manassès de Vergy est faite « pro absolutione domini Odonis gloriosi regis, et nobilissimi fratris illius domini Rothberti illustris marchionis, cum præcedente progenie et subsequente posteritate illorum, » ce qui prouve que Robert-le-Fort avait disposé d'une partie de Tillenay en faveur de la Maison de Vergy.
[4] *Hist. de Fr.*, t. IX, p. 573 et 707 ;—*Arm. de Baluze*, t. LXXVI, f° 150, 139, 133.
[5] *Hist. de Fr.*, t. IX, p. 461.

Ricbodon, l'un de ses fidèles, du village de Jouy près de Chartres [1].

Robert, qui fut roi, possédait *Nantolium*, qu'il donna à l'église Saint-Brice. Cette localité qui était située en Touraine a été assimilée à Nanteuil près de Montrichard par M. Mabille. Cette attribution peut être contestée, mais on n'a aucun élément qui fournisse le moyen de l'affirmer ni de la contredire [2].

Nous avons plus de renseignements en ce qui concerne les domaines particuliers de Hugue-le-Grand. Notons d'abord *Martiniacum alodum nostrum in pago Turonico* qui était, suivant Ph. Salmon, dans la commune de Fondettes (cant. et arr. de Tours). Il avait aussi *Castellionum* en Berry, du chef de sa mère, que nous avons vu être Béatrix de Vermandois : *alodum juris nostris, quem ex maternâ hereditate jure et legaliter necnon et quieto ordine possidere videmur Castellionum nomine, cum ecclesiis, id est Spantiacum et Pometum atque Sauciacum, situm in pago Biturigensi* [3].

Il y a, en Berry, trois localités dont le nom pourrait se traduire par Châtillon : Châtillon-sur-Indre (Indre), Châtillon-sur-Loire (Loiret) et Châtillon (Allier). Malgré mes recherches et celles de M. Aug. Longnon, qui m'a aidé avec la plus grande obligeance dans cette partie de mon travail, je n'ai aucune raison, en ce moment, pour me prononcer en faveur de l'une des trois ; je ne puis, en effet, fixer la position des églises de *Spantiacum*, de *Pometum*, et de *Sauciacum* qui, dans le diplôme, sont indiquées comme dépendantes de *Castellionum*.

En 937 [4], Hugue-le-Grand donnait encore à Saint-Martin de

---

[1] *Cartul. de N.-D. de Chartres*, t. I, p. 73.

[2] *Hist. de Fr.*, t. IX, p. 720. — Robert avait également des biens en Orléanais ; nous le voyons, en 893, donner à l'abbaye de Saint-Aignan d'Orléans une île dans la Loire avec l'eau qui l'entoure (*id.*, 462).

[3] *Id.*, p. 719 et 720.

[4] *Hist. de Fr.*, t. IX, p. 720. « Nos igitur in Dei nomine Hugo scilicet clementia omnipotentis Dei Francorum dux... dono... duos juris mei alodos Lapchiacum scilicet atque Sesannam sitos in comitatu Meldensi, in pago videlicet qui dicitur Covedensis. » — Le texte donné ici d'après Besly ne paraît pas aussi correct et aussi complet que celui qui se trouve dans Baluze, t. LXXVI, f° 321, et que M. Mabille analyse ainsi : « Hugue, abbé de Saint-Martin, donne au monastère et à la Congrégation dudit lieu son alleu de Lachy, situé dans le comté de Meaux, dans le pays des Queudes, qu'il tenait par héritage du comte Aledramnus, lequel l'avait obtenu de la munificence de Charlemagne, et son alleu de Sezanne, situé dans le même comté. » (*Panc. Noire.*, p. 95.)

Tours deux de ses aleux, *duos juris mei alodos*, Lachy et Sezanne, situés dans le comté de Meaux, au pays de Queudes. Le premier de ces alleux lui était arrivé par héritage du comte Alédramne, qui l'avait reçu en don de Charlemagne. — Il me semble certain que ce personnage n'est autre que Alédramne, comte bénéficiaire de Troyes, et *missus dominicus* sous Charlemagne, Louis-le-Débonnaire et Charles-le-Chauve, mort au milieu du ix° siècle. Maintenant comment Hugue-le-Grand était-il héritier du comte Alédramne ? — Était-ce encore par Béatrix de Vermandois, sa mère ? Était-ce par son aïeul paternel Robert-le-Fort ? Je ne puis le deviner.

Par suite de cette libéralité, l'abbaye de Saint-Martin de Tours céda à Hugue-le-Grand, *more precario*, Mons (canton de Donnemarie, Seine-et-Marne), Houdancourt et Chevrières, (canton d'Estrée-Saint-Denis, (Oise), Épineuse (canton de Clermont, Oise).

Un acte de 939 nous montre Hugue-le-Grand ratifiant une donation faite à Saint-Julien de Tours par Robert, l'un de ces fidèles[1] : il s'agissait de biens que Robert avait reçus de Hugue à titre de bénéfice : nous sommes donc encore ici en présence de localités qui faisaient partie des domaines patrimoniaux de la famille de Robert-le-Fort. C'étaient Chanceaux (canton de Vouvray, Indre-et-Loire), le Villeray, hameau de la même commune, et deux autres lieux dont l'assimilation est moins certaine : *Spicaria*, qui serait La Ronce (canton de Chanceaux), suivant Ph. Salmon, et *Vitrariœ*, les Verreries, sur les limites de Mettray et de Chanceaux, suivant le même auteur. Remarquons que l'acte de 939 est daté de la *villa Fontana in pago aurelianensi*, qui était évidemment à Hugue-le-Grand[2].

Cette même année, le duc des Francs donna à l'église de Chartres *fiscum nostrum Vurgradum* (lisez *Unogradum*) *quem liberè ac jure hereditario hactenùs possidemus in pago aurelianensi*[3] ; nous savons que cet alleu s'appelle aujourd'hui Ingré (arrondissement et canton d'Orléans, Loiret), et que, parmi les biens qui en dépendaient, se trouvaient Champigny, Muids, La Couture, Bagneaux, Montpatour, le Bruel, Villiers, les Chiseaux,

---

[1] *Hist. de Fr.*, t. IX, p. 722.
[2] Cette localité peut être Fontaine-en-Sologne (arrondissement de Blois, canton de Bracieux, Loir-et-Cher).
[3] *Hist. de Fr.*, t. IX, p. 723. — *Cartul. de N.-D. de Chartres*, t. I, p. 73.

Coust, Changy, Sorbières, Montabusard, tous hameaux de la commune d'Ingré ou des communes voisines; Les Mazures, commune de Cercottes; Failly, dans la commune de La Chapelle-Saint-Mesmin; Bucy, dans la commune de Saint-Liphard (canton de Patay); Ormes (canton de Patay, arrondissement d'Orléans).

N'oublions pas que Hugue-le-Grand avait des vignes à Paris sur la colline où s'élève aujourd'hui le quartier de Belleville, et un alleu auprès de Melun, dont il disposa en faveur de Saint-Magloire de Paris [1].

Il faut noter enfin que Hugue-Capet possédait, aux environs de l'abbaye de Saint-Denis, des biens qu'il donna à sa sœur Béatrix; ces biens furent échangés ensuite avec les religieux contre trois localités situées dans le département de la Meuse [2], savoir : Laimont, Revigny et Neuville-sur-Orne (canton de Revigny, arrondissement de Bar-le-Duc).

III

Examinons maintenant ce que l'on doit penser du *Duché de France* et du *Comté de Paris*.

En lisant un livre dont je fais grand cas, à cause de la manière neuve et attachante avec laquelle l'auteur traite l'histoire politique des comtes de Paris issus de Robert-le-Fort, j'ai noté le passage suivant [3] : « Dès l'année 864, au plaid de Compiègne, le roi l'investit (Robert-le-Fort) d'un vaste duché s'étendant de la Seine à la Loire. C'est le fief qu'on nomme le duché de France et qui plus tard fut le noyau autour duquel se reforma la monarchie [4]. »

---

[1] Mabillon : *Analect.*, t. II, p. 374.
[2] *Chron. S. Mich.*, ap. Mabillon (*Analect.*, t. II, p. 374).
[3] Ern. Mourin : *Les comtes de Paris, Histoire de l'avènement de la troisième race*, p. 22.
[4] *Op. laud.*, p. 58. M. Mourin tient à considérer le duché de France comme un fief territorial : « Son magnifique duché, dit-il, s'étendant de la Seine à la Loire, embrassait dans sa mouvance les villes de Paris, Orléans, Tours, Angers. »

En écrivant ces lignes M. Mourin n'a fait que se conformer à l'opinion généralement répandue : il a parlé du *duché de France* comme d'un fief territorial ayant eu des limites topographiques appréciables. En cela, il a simplement répété un fait admis. Tous les livres d'histoire les plus sérieux nous apprennent que le duché de France comprenait les comtés de Paris et d'Orléans, le Gâtinais, le pays Chartrain, le Blésois, le Perche, la Touraine, l'Anjou, le Maine, la partie de la Sologne située au midi de la Loire, le Beauvoisis et une partie de l'Amiénois.

Je crois que le duché de France n'a jamais existé que dans l'imagination des historiens qui, trompés par l'analogie des titres, ont confondu les *honneurs* ou dignités conférés par les rois Carolingiens avec les qualifications portées à l'époque féodale par les détenteurs de grands fiefs.

Du VIIIe au Xe siècle, les comtes, les marquis et les ducs étaient parfaitement amovibles [1] : il arrivait souvent que ces dignités passaient du père au fils, mais ce n'était pas par droit héréditaire ; le souverain intervenait à chaque transmission, et conservait toujours le droit de priver le titulaire des honneurs dont il était revêtu par concession royale. Nous en verrons tout-à-l'heure plusieurs exemples, et Robert-le-Fort lui-même se vit enlever son duché pendant un moment ; son fils ne lui succéda pas immédiatement.

Les troubles sans cesse renaissants en Aquitaine par suite des tentatives armées faites par les prétendants à la couronne, les révoltes perpétuelles des Bretons qui, se refusant à accep-

---

[1] Il n'est pas inutile de rappeler ici les termes officiels de l'acte par lequel on nommait un comte : cette formule était la même pour les ducs et les patrices :

« CARTA DE DUCATO VEL PATRICIATO VEL COMITATU. Præspicue regalis in hoc perfecte conlaudatur clementia, ut inter cuncto populo bonitas et vigilantia requiratur personarum ; nec facile cuilibet judiciaria convenit committere dignitatem, nisi prius fides seu strenuetas vindentur esse probata. Ergo dum et fidem et utilitatem tuam videmur habere compertam, ideo tibi actionem comitie (ducatus aut patriciatus) in pago illo quem antecessor tuus ille usque nunc visus est egisse, tibi ad agendum regendumque commissimus : ita semper erga regimini nostro fidem inlibata custodias, et omnis populus ibi commanentes, tam Franci, Romani, Burgundiones vel aliquas nationes, sub tuo regimini et gubernatione decant et moderatione, et eos recte tramite secundum lege et consuetudine eorum regas, viduis et pupillis maxime defensor appareas, latronem et malefactorem scelera a te severissime reprimantur, ut populi bene viventes sub tuo regimine gaudentes debeant consistere quieti ; et quicquid de ipsa actione in fidei ditionibus speratur, pro vosmetipsis annis singulis nostris aerariis inferatur. » *Rec. général des Formules du Ve au Xe siècle*, par Eug. de Rozière, 1re partie, p. 7.

ter le joug des Francs, appelaient à eux les Normands à titre d'auxiliaires, forcèrent les rois Carolingiens à avoir dans la région de l'Ouest des *ducs*, c'est-à-dire des personnages revêtus des pouvoirs civils et militaires qui centralisaient toutes les forces des pays menacés pour garder les frontières et repousser les invasions des rebelles et celles des étrangers. Ces ducs n'avaient pas de commandements territoriaux [1], mais ils étaient les chefs suprêmes des troupes fournies par les comtés compris dans les régions où ils avaient à opérer. Ils étaient appelés indifféremment *ducs*, parce qu'ils commandaient en chef les armées, et *marquis*, parce qu'ils étaient chargés de protéger et de défendre les marches.

La partie de la France, située entre la Loire et la Seine, à l'ouest et au sud-ouest de Paris, était particulièrement exposée aux assaillants dont je parlais plus haut : il y avait donc nécessité de prendre de ce côté toutes les précautions.

Sous Charlemagne, le fameux Roland avait été chargé de défendre la *marche* de France du côté de la Bretagne [2].

Plus tard, en 835, lorsque Matfred qui avait le comté d'Orléans, uni à Lambert, comte de Nantes, se déclara contre le roi en faveur de Lothaire, il fut remplacé à Orléans par le comte Eude, frère de Guillaume, comte de Blois ; celui-ci fut chargé de châtier les rebelles de la marche de Bretagne, ayant sous ses ordres tous ceux qui avaient les comtés situés entre la Seine et la Loire : *omnes inter Sequanam et Ligerim degentes* [3].

En 858, Charles-le-Chauve, après plusieurs expéditions malheureuses contre les Bretons, mit Robert-le-Fort à la tête du

---

[1] Généralement les ducs étaient choisis parmi les comtes de la région où ils commandaient : comme comtes, ils avaient un territoire à administrer ; le titre de duc équivalait à celui de chef de leurs collègues des pays limitrophes. Ainsi Humfrid, comte de Bésalu, fut *marquis* de Septimanie après Udalric vers 857 (*Hist. de Fr.*, t. VIII, p. 556, 557). Guillaume, comte d'Auvergne et de Velai, fut *marquis* de Gothie après son père Bernard II ; plus tard, il se qualifiait de *duc* et aussi de *princeps marchiæ*. (*Hist. de Fr.*, t. IX, p. 708; *Cartul. de Sauxillanges*, n° 146.)

[2] Eginhard (*Vita Kar. imp.*, 9) : « In quo prælio Eggihardus regiæ mensæ præpositus, Anselmus comes palatii, et Rotlandus Brittannici limitis præfectus, cum aliis compluribus interficiuntur. »

[3] Nithard, I, 5.— *Mirac. S. Bened.*, I, 20, 21.— *Chron. Rainald. archid. Andeg.*, ad ann. 835. — *Chron. Vindocin.*, ad ann. 836. — Nous avons déjà dit que Matfred, après la mort d'Eude, fit sa soumission, fut rétabli dans le comté d'Orléans, et mourut vers 836 ou 837.

comté d'Angers [1], qui confinait aux régions bretonnes d'où partaient les irruptions les plus dangereuses, — ce qui le faisait marquis, — et lui donna, en 861, le *ducatus inter Sequanam et Ligerim*. C'est donc par suite de confusion qu'Otton de Frisingen et Gui de Bazoches, copiés par Aubri de Trois-Fontaines, placent en l'année 858 la nomination de Robert comme comte d'Anjou et comme duc [2].

En 867, après la mort de Robert-le-Fort, qui laissait des fils trop jeunes pour succéder à son marquisat, Hugue-l'Abbé fut pourvu du comté d'Angers et du duché [3], et il les conserva jusqu'à sa mort en 886. Le marquisat d'entre Seine et Loire était si peu héréditaire que Hugue-l'Abbé n'avait pas eu à le rendre à Eude, fils de Robert-le-Fort, qui avait au moins vingt-huit ans en 886, était comte de Paris, et défendait cette ville contre les Normands.

Eude succéda aux honneurs de Hugue-l'Abbé; et lorsqu'il eut été proclamé roi en 888, il paraît avoir donné le marquisat d'entre Seine et Loire à son frère Robert, que nous voyons, en 893, porter le titre de *dux Francorum* pour la première fois [4]. Il me semble qu'ici cette qualification indique que Robert était le chef suprême des forces militaires du royaume [5]. Robert fut confirmé dans son duché par Charles-le-Simple; en 898, nous le voyons qualifié tantôt de *princeps* [6], tantôt de *demarchus* [7].

---

[1] Il ne faut pas oublier que la dynastie des comtes d'Anjou, issus d'Ingelger, aux VIII⁰ et IX⁰ siècles, est parfaitement fabuleuse, ainsi que l'a démontré M. Mabille (*Chron. des comtes d'Anjou : introduction*, édit. de la Soc. de l'Hist. de France). Le premier comte héréditaire d'Anjou est Foulque-le-Roux, d'abord vicomte d'Eude, fils de Robert-le-Fort, puis comte à dater de 930.

[2] Aubri de Trois-Fontaines, *ad ann.* 858.

[3] *Ann. S. Bertin.* « Hugoni clerico avunculi sui Chonradi filio comitatum Andegavensem donat. »

[4] Le roi Eude confirme des biens à l'abbaye de Saint-Aignan d'Orléans, à la demande de Robert, *dux Francorum*, qui était en possession de cette abbaye. (*Hist. de Fr.*, t. IX, p. 462.)

[5] « Necnon et Rotbertus Odonis regis defuncti frater, vir industrius atque audacia plurimus, sese militaturum regi (Carolo Simplici) accommodat. Quem etiam rex Celticæ ducem præficit, atque in eâ omnium gerendorum ordinatorum concedit. » Richer, I, 14. — Cette expression de *dux Celtica* se trouve encore dans le *Chron. Saxon.* Cf. *Hist. de Fr.*, t. VIII, p. 225.

[6] *Chron. Odoranni, ad ann.* 922.

[7] Diplôme de Charles-le-Simple de 912 en faveur de Saint-Denis, *Cartul. S. Dionis. Bib. Nat. Lat.* 5145, f⁰ 86; — Autre diplôme du même roi en faveur de la même abbaye de 917, *Arch. Nat.*, K, 16, n⁰ 8; — Tardif, *Monum. hist. et cartons des rois.*

En 923, Hugue-le-Grand succéda à son père Robert dans la dignité de *dux Francorum*, qui était la même chose que *marchio regni* [1] et qu'il portait officiellement dans les actes : il l'exerça ainsi sous Louis IV d'Outremer et sous Lothaire qui la lui confirma lors de son sacre [2].

En 955, à la mort d'Hugue-le-Grand, Hugue-Capet son fils lui succéda dans la qualité de *dux Francorum*, et après l'avénement au trône du dernier, il n'y eut plus de titulaires de cette charge.

Dans les documents que nous avons, croyons-nous, examinés aussi complétement que possible, nous ne trouvons donc rien qui permette de supposer qu'il y ait eu un fief ou territoire déterminé appelé Duché de France.

Robert-le-Fort fut d'abord fait comte d'Angers vers 858, et c'est sous ce titre qu'il est le plus généralement connu : il succéda probablement au comte Eude qui, en 851, échangeait avec l'évêque Dodon des terrains dépendant de ses domaines. Trois ans plus tard, il était nommé *duc*, c'est-à-dire chef des forces militaires qui devaient, entre Seine et Loire, contenir les Bretons et les Normands : cette fonction lui donnait le titre de *marquis*. — En 864, le roi donna le comté d'Angers, l'abbaye de Marmoutiers et le commandement des troupes entre Seine et Loire à son fils Louis ; Robert-le-Fort avait reçu en échange une autre marche, à l'Est, qui comprenait l'Autunois enlevé à Bernard, fils du comte de Barcelone et neveu de Louis le Débonnaire : l'année suivante, le roi y ajoutait l'Auxerrois et le Nivernais [3]. Dans cet intervalle, nous voyons Robert-le-Fort, avec la simple qualification de *comte*, faire un échange au sujet de ses biens personnels dans le Blésois.

L'éloignement de Robert paraît avoir permis bientôt aux Normands de dévaster l'ouest du royaume, sans que le prince Louis pût les arrêter. Aussi nous voyons, en 866, Robert rétabli

---

[1] Diplôme du roi Raoul en faveur de Saint-Martin de Tours, en 927, *Hist. de Fr.*, t. IX, p. 581. — Richer, II, 39, nous dit qu'en 944 Hugue-le-Grand fut nommé par le roi *omnium Galliarum ducem*.

[2] Aimoin, Hugue de Fleury s'accordent à nous affirmer ce fait : « Sequenti mense (954) pridie Idus novembris, Lotharius filius ejus jam juvenis unctus est in regem Remis, et Hugo Magnus factus est dux Francorum. »

[3] *Ann. S. Bertin.*, ad ann. 864 et 865.

dans son ancienne charge, et les bénéfices qu'il avait eus sur la marche orientale du royaume furent alors donnés au prince Louis, qui ne semble pas avoir pu en jouir. A cette date, nous retrouvons donc Robert-le-Fort marquis entre Seine et Loire, et pourvu de l'abbaye de Saint-Martin de Tours. Il fut tué l'année suivante [1].

De ce qui précède, il résulte qu'il n'y eut pas de duché de France créé en faveur de Robert et de sa famille.

A Robert-le-Fort succède Hugue-l'Abbé, son beau-fils, qui justifiait son surnom par le nombre des abbayes dont il était pourvu : c'étaient Saint-Martin de Tours, Saint-Germain d'Auxerre, Saint-Aignan, Caply, Saint-Quentin, Sithieu, Saint-Vaast. Les actes nous le montrent comme comte d'Angers, marquis et pourvu des honneurs de son beau-père, c'est-à-dire du duché entre Seine et Loire.

A la mort de Hugue-l'Abbé, Eude, fils de Robert-le-Fort, d'abord comte de Paris, obtint le duché de son beau-frère, tel que l'avait eu Robert : *et terra patris Rothberti Odoni comiti concessa, imperator castra movit*, disent les Annales de Saint-Vaast. Nous le voyons abbé de Saint-Martin de Tours, du vivant de Hugue-l'Abbé, et il y fondait un service pour son père.

Arrivé au trône, Eude conféra à son frère Robert le marquisat d'entre Seine et Loire, ainsi que les abbayes de Saint-Martin et de Saint-Aignan. Mais il augmenta encore son importance politique, en lui donnant le titre de *dux Francorum*.

Ce titre, sur lequel je crois devoir appeler l'attention de mes lecteurs, n'avait rien de territorial : nous le trouvons, suivant les actes, indiqué aussi par les mots *demarchus, nostri regni consilium et juvamen* [2]. Je ne puis assimiler la qualité de duc des Francs qu'à une dignité qui tiendrait à la fois de celle des anciens maîtres de la milice et des maires du palais de la première race. — En 898, à la mort du roi Eude, Robert fut confirmé

---

[1] *Ann. S. Bertin.*, *ad ann.* 866 : « Carolus Rodberto comiti abbaciam S. Martini ab Engilwino ablatam donat, et ejus consilio honores qui ultra Sequanam erant per illius complices dividit. Comitatum quoque Augustidunensem a Bernardo filio Bernardi super Rodbertum occupatum Illudovico filio suo ipsius Rodberti consilio ad eum ditandum committit. »

[2] Diplôme de Charles-le-Simple, de 918, en faveur de Saint-Germain-des-Prés. *Hist. de Fr.*, t. IX, p. 540.

dans sa charge par Charles-le-Simple, qui fit entrer la Bourgogne dans sa juridiction [1].

Après le règne éphémère de Robert et sa mort, arrivée en 923, son fils Hugue-le-Grand fut duc des Francs. Il est appelé *dux Francorum, regni nostri marchio, omnium Galliarum dux*; on voit que sa position était la même que celle que son frère avait eue; c'était toujours un véritable maire du palais. L'histoire nous apprend le rôle politique important qu'il joua : sa puissance lui permettait de faire des rois. Les derniers rois carolingiens, effacés par les ducs des Francs, se trouvaient, malgré les tentatives qu'ils multipliaient, dans la position des derniers mérovingiens. Hugue-le-Grand avait une telle puissance que la chronique de Fleury le qualifiait de duc des Francs, des Bourguignons, des Bretons et des Normands; il avait eu aussi le comté du Mans et plusieurs abbayes importantes. Le roi Lothaire, à son avénement en 954, le confirma dans sa dignité de duc.

Après Hugue-le-Grand, nous voyons son fils aîné Hugue-Capet revêtu de la dignité de marquis et duc des Francs : un seul acte porte *dux Franciæ*. Reste à savoir si, ce dont je doute fort, ce dernier mot a été lu exactement.

Il fut le dernier de ces puissants ministres que les rois de troisième race, issus du duc Hugue-Capet, se gardèrent bien de rétablir : ils savaient trop bien, par expérience, comment tombent et naissent les dynasties.

De tout ce qui précède, il résulte clairement, je crois, que le duché de France n'a jamais existé. Il y a eu, sous la seconde race, des *comtes* que leurs mérites et la gravité des circonstances placèrent sur les frontières les plus menacées, où, sous le titre de *marquis*, ils exerçaient un commandement régional en chef. Lorsque les dangers de l'intérieur diminuèrent, ces grands chefs militaires parvinrent, grâce à leurs richesses, à leurs alliances, et au prestige qui les entourait à devenir, sous le titre de *ducs des Francs*, de véritables maires du palais; et de *duces Francorum* ils arrivèrent tout naturellement à être proclamés *reges Francorum* [2].

---

[1] J'insiste sur ce fait, qui se renouvelle pour Hugue-le-Grand et qui prouve qu'en principe la dignité de *dux Francorum* était amovible, puisqu'à chaque avénement de roi celui-ci la confirmait.

[2] D'après le moine de Saint-Gal, 1, 14, les comtes n'avaient en principe qu'un comté à administrer; il y avait des exceptions en faveur de ceux qui étaient établis sur les limites. Si on lit avec attention le capitulaire de Servais, de 854, on

Le comté de Paris ne différait pas des autres comtés de la monarchie carolingienne : c'était le gouvernement amovible de la ville et de sa banlieue, sans constituer un fief plus que le duché de France ; seulement le premier était une charge, et le second une dignité.

Eude fut comte de Paris depuis 884, dit-on, date de la mort de Conrad. Cette date me paraît contestable, et je suis très-porté à croire qu'Eude fut revêtu de cette charge vers 879. A cette époque, en effet, Conrad, entraîné par Gozlin, abbé de Saint-Germain-des-Prés, abandonna le parti du fils de Louis-le-Bègue pour se rallier à Louis de Germanie ; cette défection put avoir pour résultat, suivant l'usage du temps, de le faire priver de ses honneurs. Eude était comte de Paris lorsqu'il défendit cette ville contre les Normands. A son avénement, il se donna pour successeur son frère Robert, qui lui-même, devenu roi, nomma Hugue-le-Grand, son fils, comte de Paris ; Hugue-Capet succéda à son père.

Rappelons, maintenant, dans l'ordre chronologique, les noms des comtes de Paris qui sont venus jusqu'à nous :

750 ? GERFREDUS, dont la femme se nommait Soanachilde ; il prétendait avoir droit, au préjudice de l'abbaye de Saint-Denis, à une redevance sur les commerçants qui venaient aux foires de Saint-Denis [1].

---

remarque que, pour les comtés situés au centre du royaume, ces circonscriptions portent des noms topographiques. Au contraire, sur les frontières, les comtés portent le nom du personnage qui y exerçait son commandement : ceux-ci sont les défenseurs des *marches* que l'on appelait alors marquis. Ainsi, dans le 3e Missatique, nous voyons mentionner les comtés d'Enguerran et de Valtcaud ; dans le 4e, les comtés de Bérenger, d'Engiscaud, de Gérard et de Rénier ; dans le 11e, l'Autunois, le Mâconnais, le Dijonnais, le Chalonnais, le Tonnerrois et le Belnois sont réunis dans la main d'Isembard.

De ce qui précède, nous résumons ainsi la suite chronologique des *ducs des Francs*, en mettant en regard, la série qui est donnée par l'*Art de vérifier les dates* :

	778. Roland.
	835. Eude, comte d'Orléans.
	860. Lambert, comte de Nantes *(Ann. Mett.)*
861. Robert-le-Fort.	861. Robert-le-Fort comte d'Angers.
	864. Louis, fils du roi, depuis Louis-le-Bègue.
	865. Robert le Fort, de nouveau.
866. Eudes son fils.	866. Hugue-l'Abbé
	886. Eude, comte de Paris.
898. Robert.	898. Robert, frère d'Eude.
923. Hugue-le-Grand.	923. Hugue-le-Grand.
956. Hugue-Capet.	956. Hugue-Capet.

[1] Doublet, p. 733. — Tardif : *Mon. hist. et cart. des rois*, 46 et 54.

759-779. Gérard [1].

802-803. Étienne [2].

814. Bégon. Je crois que c'est sans preuves bien solides que l'on confond ce comte avec Ségon ou Bégon, son contemporain, gendre de Louis-le-Débonnaire [3].

837. Gérard II, *comes civitatis Parisius*, prêtait serment, à cette date, à Charles avec Hilduin, abbé de Saint-Denis [4].

879. Conrad, neveu de Hugue-l'Abbé [5].

» Eude, fils de Robert-le-Fort.

888. Robert, frère d'Eude.

922. Hugue-le-Grand [6].

956. Hugue-Capet.

980? Bouchard, comte de Corbeil, Melun et Paris [7].

Je termine cette étude par un résumé chronologique des faits principaux qui permettent de comprendre l'histoire de la Maison de France depuis Robert-le-Fort jusqu'à l'avènement de Hugue-Capet. Ce travail sera, je l'espère, utile à mes lecteurs, en même temps qu'il pourra servir à tous ceux qui auront le désir d'étudier cette époque intéressante.

853. Robert-le-Fort, *missus dominicus* dans le Maine, l'Anjou et la Touraine [8].

---

[1] Tardif, *op. laud.*, p. 638.

[2] D. Bouquet qualifie ce personnage de comte de Paris, *Hist. de Fr.*, t. V, p. 663.

[3] *Hist. de Fr.*, t. VI, p. 468. Diplôme de Louis-le-Débonnaire, relatif aux foires de Saint-Denis, adressé à « Begoni industri comiti et omnibus successoribus tuis præsentibus et futuris atque reipublicæ administratoribus sive exactoribus infra pagum Parisiacum thelonea recipientibus. »

[4] Nithard, ap. *Hist. de Fr.*, t. VI, p. 70.

[5] *Ann. Bertin.*; — *Ann. S. Wast.*; — *Ann. Mett.*, ad. ann. 888.

[6] D. Housseau, dans son *Catalogue de dipl., ch. et actes relatifs à l'hist. de Touraine*, n° 151, cite un diplôme de 922 du roi Robert confirmant la donation, faite à Marmoutiers par le comte Bouchard, fils de Bouchard, comte de Paris, de la chapelle Saint-Ouen. Il y a là une erreur évidente dans la transcription de la date : Robert, fils de Hugue-Capet, doit être substitué ici à Robert, fils de Robert-le-Fort.

[7] *Hist. relat. corp. S. Walerici*, ap. *Hist. de Fr.*, t. IX, p. 148. — Nous lisons dans la vie du comte Bouchard (ap. Du Chesne, t. V, p. 116) : « In quo copulæ thalamo dedit Hugo rex sibi fideli comiti castrum Milidunum, atque jam dictum Corboilum comitatumque Parisiacæ urbis, taliterque regalis comes efficitur. » — On a une charte de 1006, de Bouchard, se qualifiant de *Comes castri Curboili* Tardif, p. 155) : cette forme explique l'expression de *comte royal* rappelée quelques lignes plus haut.

[8] Pertz, *Leges*, I, 426. — *Hist. de Fr.*, t. VII, p. 616.

858. Robert est nommé comte d'Angers et défenseur de la *marche contre les Bretons* [1].

859. Pépin, fils de Pépin, roi d'Aquitaine et petit-fils de Charlemagne, n'avait pas succédé à son père, mais avait reçu en bénéfices des biens et des abbayes en Aquitaine. Poussé par l'ambition de ceindre la couronne, il se révolta contre Charles-le-Chauve, fut obligé de quitter l'Aquitaine et se réfugia chez les Bretons en pleine hostilité contre le roi, et qui le combattaient avec succès [2]. — A ce moment, Robert-le-Fort favorisait Pépin : cependant il ne put s'allier aux ennemis de Charles-le-Chauve qu'après le 31 août; car, à cette date, nous le voyons, à Compiègne, qualifié *comes et marchisus*, intervenir dans un acte relatif à l'abbaye de Saint-Denis pour un bien situé en Poitou [3].

861. Charles-le-Chauve qui, après de nouveaux échecs [4], voyait les Bretons s'avancer jusques à Poitiers, entre en pourparlers avec Robert-le-Fort pour le rallier à sa cause par l'entremise de deux seigneurs, bretons probablement, *Guntfredus* et *Gozfridus*. Au plaid de Compiègne, il le nomme, en remplacement de Lambert, duc du pays situé entre la Seine et la Loire, et l'investit de sa dignité à Mehun-sur-Loire. Les deux intermédiaires qui avaient ménagé cet arrangement, peu satisfaits de la faveur dont Robert-le-Fort était l'objet, abandonnent celui-ci et vont se rallier à Salomon, roi des Bretons.

862. Le nouveau duc passa cette année en luttes contre ce dernier [5] auquel étaient venus se joindre les Normands ainsi que Louis, fils de Charles-le-Chauve, révolté contre son père. C'était encore Guntfredus [6] et Gozfridus, qui avaient amené ce prince à se mettre avec les Bretons pour ravager l'Anjou...

864. Nouveaux succès de Robert sur les Normands de la Loire [7]. Il vient au plaid de Pitres. Là, il amène devant le roi Ecfred ou Acfred, comte de Toulouse, de 828 à 840 suivant M. Mabille, puis, plus tard, l'un de ceux qui poussèrent Charles, roi d'Aquitaine, à se révolter contre son père. Robert-le-Fort l'avait fait prisonnier, mais il intercéda en sa faveur auprès du roi qui lui pardonna, et lui rendit ses bénéfices auxquels il ajouta, en 857, l'abbaye de Saint-Hilaire de Poitiers et le comté de Bourges, dont Ecfrid ne put, du reste, prendre possession. — On n'ignore pas que c'est à cette assemblée que Pépin d'Aquitaine, livré par les Aquitains, vit la peine capitale, prononcée contre lui, commuée en un internement à Meaux.

---

[1] *De mirac. S. Benedicti*, l. I. — Gui de Bazoches et Otton de Frisengen cités par Aubri de Trois-Fontaines, *ad ann*. 858. — Je crois qu'Otton a confondu les époques en disant que dès cette année Robert était duc.

[2] *Ann. Bertin.*, *ad ann*. 859.

[3] *Cartul. S. Dionis. Bib. Nat. lat.* 5115, f° 91.

[4] *Ann. Mett.*, *ad ann*. 860 et 861. — *Ann. Bert.*, id.

[5] *Ann. Bertin*, *ad ann*. 862.

[6] Je ne sais si ce Guntfredus doit être rapproché d'un comte *Gonfredus* qui, sous Louis-le-Débonnaire, briguait le comté de Vannes et était peu favorable aux moines de Redon. (Cf. D. Morice. I, col. 212.)

[7] *Ann. Bertin.*, *ad ann*. 861.

Au plaid de Pitres était également Bernard, fils de Bernard, comte de Barcelone, puis duc de Septimanie, et de Dodane, sœur de Louis-le-Débonnaire. Ce personnage, pour des motifs que les historiens ne nous ont pas fait connaître, nourrissait une haine secrète contre le roi et ceux qui lui étaient dévoués. Il est très-probable que Bernard n'avait pas oublié que son père et son frère étaient morts par l'ordre du roi. Toujours est-il qu'il s'éloigne du plaid, avant qu'il fut terminé, avec la permission de Charles-le-Chauve, et sous le prétexte d'affaires importantes. Mais c'était pour se mettre en embuscade dans un bois voisin et tuer le roi, le comte de Poitiers et le duc Robert. L'entreprise manqua, Bernard put s'échapper, mais le roi le dépouilla de ses honneurs et les donna à Robert. — C'était le comté d'Autun.

865. Pendant que le roi attaque les Normands de la Seine, Robert-le-Fort défait les Normands de la Loire. Cette année, je ne puis deviner pour quel motif, Charles-le-Chauve confia le comté d'Angers à son fils Louis, auquel il donna aussi l'abbaye de Marmoutiers, et ajouta les comtés d'Auxerre et de Nevers à ceux que possédait déjà Robert-le-Fort. Ce changement dans le commandement des marches occidentales coïncide avec un mouvement des Normands qui s'avancent jusqu'à Orléans. — Robert-le-Fort, étant au château de Blois, fait un échange avec Actard, évêque de Nantes [1].

866. Le roi rend le duché entre Seine et Loire à Robert-le-Fort, et, sur la demande de ce dernier, donna le comté d'Autun au prince de Louis son fils : Bernard, profitant de ces événements, était parvenu à se réinstaller à Autun, et s'y maintint, les armes à la main, jusqu'en 872. Robert reçut, en outre, du roi l'abbaye de Saint-Martin de Tours [2].

867. Le 3 avril 867, sur la demande de Robert-le-Fort, abbé de Saint-Martin de Tours, le roi, étant à Kiersi, confirme la restitution de biens à ce monastère. Je place à cette année ce diplôme que D. Bouquet date de 852 [3], en substituant le chiffre XXVII au chiffre XII des années du règne. Cette rectification, qui suppose une mauvaise lecture, me paraît justifiée : 1° par ce fait que Robert ne fut pourvu qu'en 866 de l'abbaye de Saint-Martin ; 2° parce que l'an 867 concorde avec la mention de la XVᵉ indiction. — Les Normands envahirent le Nantetois, l'Anjou, le Poitou et la Touraine ; les ducs Rannulf de Poitou et Robert marchent contre eux et sont tués, en combattant à Brissarthe, le 2 juillet. Quelques chroniqueurs placent cet événement en 866 [4], mais d'autres et la charte sus-mentionnée du 3 avril établissent qu'il eut lieu en 867 [5]. — Hugue-l'Abbé est nommé

---

[1] *Ann. Bertin.*, ad ann. 865. — Adrevald, ap. *Mirac. S. Benedicti.* — Arm. de Baluze, LXXVI, f° 320.

[2] *Ann. Bertin.*, ad ann. 866.

[3] *Hist. de Fr.*, t. VIII, p. 520.

[4] Sigeb. Gembl. — *Chron. Sith.* — Aubri de Trois-Fontaines place la mort de Robert-le-Fort en 865 et cite Otton de Frisingen et Gui de Bazoches.

[5] Adrevaldus, ap. *Mirac. S. Bened.*, c. 1. — *Ann. Mett.* — *Ann. Fuld.* — Herman. Contract. — *Chron. G. Nangis.* Cf. D. Bouquet, t. VII, p. 173, 194, 195, 235, 251, 269 et 359. — Reginon., ad ann. 867.

duc et marquis entre Seine et Loire, en remplacement de Robert-le-Fort son beau-père : il figure, dès le 27 décembre, comme abbé de Saint-Martin de Tours, ainsi qu'en 859, en 877 (cette fois comme abbé de Saint-Martin et de Chablis), en 878, 879, 882, 884 [1].

869-876. Hugue-l'Abbé fait fortifier les villes du Mans et de Tours et résiste aux invasions normandes [2].

884. Eude est abbé de Saint-Martin de Tours : nous le trouvons encore avec ce titre en 886, ce qui permet de conclure que son beau-frère lui avait cédé ce bénéfice [3].

886. Mort de Hugue-l'Abbé, alors abbé de Sainte-Colombe de Sens. Nous trouvons des actes qui mentionnent Eude comme abbé de Saint-Martin de Tours jusqu'au 17 juin 887.

888. Eude est élu roi des Francs. — Suivant Hugue de Fleury, Robert eut cette année le gouvernement de la Bourgogne inférieure [4].

891. Robert II, abbé de Saint-Martin de Tours et comte de Tours. La série des actes de ce monastère établit qu'il conserva ce titre jusqu'à son avènement au trône [5].

892. Le roi Eude et son frère le marquis Robert restituent au chapitre de Saint-Nazaire d'Autun la terre de Tillenay [6].

893. Robert, abbé de Saint-Aignan d'Orléans et duc des Francs [7].

898. Le roi Eude meurt. Charles-le-Simple confirme Robert dans la dignité de duc des Francs [8].

903. Le duc Robert à l'abbaye de Saint-Germain-des-Prés et à celle de Saint-Denis [9].

911. Le duc Robert fait lever aux Normands le siège de Chartres [10].

918. Il est abbé de Saint-Vincent [11].

920. Il est abbé de Maurienval [12].

922. Le duc Robert est élu roi des Francs.

923. Il est tué dans un combat contre Charles-le-Simple. — Dès le 18 décembre de cette année, son fils Hugue avait l'abbaye de Saint-Martin de Tours [13].

924. Le roi Raoul donne à Hugue le comté du Mans [14].

---

[1] Martène : *Thes. anecd.*, t. I, col. 42. — *Hist. de Fr.*, t. VIII, p. 613, 637. Coll. Dupuy, vol. 811, f° 67. — *Arm. de Baluze*, t. LXXVI, f° 50, 62, 108.

[2] *Arm. de Baluze*, t. LXXVI, f° 94 et 10.

[3] *Hist. de Fr.*, t. IX, p. 313, 352, 355, 359, 360. — *Arm. de Baluze*, t. LXXVI, f° 22 et 52.

[4] Richer, I, 3. — *Chron. Ricard. Pict.* — *Alb. Tr.-Font.* — *Chron. Sith.* — *Chron. S. Benig. Div.*

[5] *Gall. Chr.*, t. XIV, *Instr.* n° 37.

[6] A. de Charmasse, *Cartul. de l'égl. d'Autun*, p. 10.

[7] *Hist. de Fr.*, t. IX, p. 462, 519, 520.

[8] Richer, I, 14. — *Chronic. Turon.*

[9] *Hist. de Fr.*, t. IX, p. 495, 499, 500, 536. — *Arch. nat.*, K 16, n° 8.

[10] Aimoin, l. V. — *Chron. Mailliac.*

[11] *Hist. de Fr.*, t. IX, p. 536.

[12] *Id.* t. IX, p. 516.

[13] *Gall. Chr.*, t. XIV, *instr.* n° 40. — *Alb. Tr.-Font.*

[14] Hug. Flor., ap. *Hist. de Fr.*, t. VIII, p. 319.

936-937. Hugue dans les actes prend le titre de *dux Francorum* [1].
944. Louis d'Outremer confie à Hugue le gouvernement de la France [2].
954. Lothaire confirme à Hugue la dignité de *duc des Francs* [3].
956. Mort de Hugue-le-Grand ; son fils Hugue-Capet lui succède dans la dignité de duc des Francs [4].
987. Hugue-Capet est élu roi.

---

[1] A. de Charmasse, *Cart. d'Autun*, p. 16. — *Hist. de Fr.*, t. IX, p. 720.
[2] Richer, II, 39.
[3] Hug. Floriac. — Aimoin. — Rich. Pict. — *Chron. Turon.*
[4] *Chron. Odoran. S. Petri vivi.* — *Chron. Andegav.* — *Chron. Floriac.*

SAINT-ÉTIENNE, IMPRIMERIE FREYDIER, RUE DE LA BOURSE, 2.

www.ingramcontent.com/pod-product-compliance
Lightning Source LLC
Chambersburg PA
CBHW061009050426
42453CB00009B/1332